TO-C

TO-DO LIST

TO-DO LIST

TO-DO LIST

TO-DO LIST

TO-DO LIST

TO-DO LIST

TO-DO LIST

TO-DO LIST

TO-DO LIST

TO-DO LIST

TO-DO LIST

TO-DO LIST

TO-DO LIST

TO-DO LIST

TO-DO LIST

TO-DO LIST

TO-DO LIST

TO-DO LIST

TO-DO LIST

TO-DO LIST

TO-DO LIST

TO-DO LIST

TO-DO LIST

TO-DO LIST

TO-DO LIST

TO-DO LIST

TO-DO LIST

TO-DO LIST

TO-DO LIST

TO-DO LIST

TO-DO LIST

TO-DO LIST

TO-DO LIST

TO-DO LIST

TO-DO LIST

TO-DO LIST

TO-DO LIST

TO-DO LIST

TO-DO LIST

TO-DO LIST

TO-DO LIST

TO-DO LIST

TO-DO LIST

TO-DO LIST

TO-DO LIST

TO-DO LIST

TO-DO LIST

TO-DO LIST

TO-DO LIST

TO-DO LIST

TO-DO LIST

TO-DO LIST

TO-DO LIST

TO-DO LIST

TO-DO LIST

TO-DO LIST

TO-DO LIST

TO-DO LIST

TO-DO LIST

TO-DO LIST

TO-DO LIST

TO-DO LIST

TO-DO LIST

TO-DO LIST

TO-DO LIST

TO-DO LIST

TO-DO LIST

TO-DO LIST

TO-DO LIST

TO-DO LIST

TO-DO LIST

TO-DO LIST

TO-DO LIST

TO-DO LIST

TO-DO LIST

TO-DO LIST

TO-DO LIST

TO-DO LIST

TO-DO LIST

TO-DO LIST

TO-DO LIST

TO-DO LIST

TO-DO LIST

TO-DO LIST

TO-DO LIST

TO-DO LIST

TO-DO LIST

TO-DO LIST

TO-DO LIST

TO-DO LIST

TO-DO LIST

TO-DO LIST

TO-DO LIST

TO-DO LIST

TO-DO LIST

TO-DO LIST

TO-DO LIST

TO-DO LIST

TO-DO LIST

Made in the USA
Monee, IL
28 December 2023

50634281R00059